Sichtweisen auf Reisen

Für Petra
und alle, die mir nahe stehen

Herbert Hagen

Sichtweisen auf Reisen

Alltagsgeschichten in Gedichten

Bibliografische Information Der Deutschen Bibliothek:

Die Deutsche Bibliothek verzeichnet diese Publikation in der
Deutschen Nationalbibliografie; detaillierte bibliografische Daten
sind im Internet über <http://dnb.ddb.de> abrufbar.

1. Auflage 2004

© 2004 Herbert Hagen
Herstellung und Verlag: Books on Demand GmbH, Norderstedt
ISBN 3-8334-1439-1

Vorwort

"Sichtweisen auf Reisen" lautet der Titel meines Gedichtsbandes, der Momente, wie wir sie alle kennen, Situationen, die wir jeden Tag erleben, Stimmungen und Gefühle in besinnliche und heitere Worte zu fassen versucht.

Meine Sichtweisen und Geschichten sollen zum Nachdenken, zum Schmunzeln und manchmal auch zu einem fröhlichen Lachen anregen. Tauchen Sie mit ein, in eine Reise zum Nachdenken über das Alltägliche in unserem Leben.

Danken möchte ich an dieser Stelle ganz besonders meiner Petra, die mich mit viel Geduld und Liebe unterstützt hat und mir nicht nur bei der Erstellung dieses Buches immer wieder mit Rat und Tat zur Seite steht.

Jeden Morgen ...

Jeden Morgen dieselbe Strecke
Hast und Eile statt warmer Bettdecke
Park and Ride, U-Bahn und danach per pedes
weder mein Schweinehund noch ich verstehen es

Parkplatzsuche schon zu früher Stunde
erfolgreich erst nach der fünften Runde
in der U-Bahn laufe ich hin und her
einen Sitzplatz finden ist sehr schwer

viele tragen den Rucksack auf dem Rücken
da bleiben nur wenig freie Lücken
hab' ich dann einen Stehplatz gefunden
kommt Herr Katz mit seinen Hunden

des Nachbars Zeitung im Gesicht
ich frag' mich, ist der noch ganz dicht
Überholmanöver auf den Rolltreppen
was sind das nur für Morgen... muffel

links gehen, rechts stehen heißt das Motto
es reicht – am Freitag spiel' ich Lotto
erschöpft steh' ich dann vor dem Eingangstor
da schreit ein Kollege „Mahlzeit" mir ins Ohr

mein Schweinehund und ich sehen uns an
das tun wir uns morgen nicht mehr an ...

Der ganz normale Wahnsinn

Jetzt sitze ich hier an meinem PC
und beide Augen tun mir weh
Meetings soll ich organisieren
und Excel-Charts präsentieren
das Telefon steht heute nicht still
ich weiß nicht, ob ich das alles will

da stürzt mein Vorgesetzter rein
wir müssen um zwölf beim Vorstand sein
eins nach dem anderen denke ich mir
einer muss ja Ruhe bewahren hier
da kommt der Chef meines Chefs hinzu
endgültig vorbei ist es nun mit der Ruh'

wenn bei ihm schellt das Glöckchen
macht er sich gleich auf die Söckchen
der Vorstand wartet und will was sehen
wir müssen gleich und sofort gehen
fünf vor zwölf zeigt die Uhr inzwischen
wie kann man diesem Theater nur entwischen

das Telefon klingelt und ich gehe ran
der Vorstand höchstpersönlich ist dran
uns allen wird ganz angst und bange
er kümmere sich noch um andere Belange
sei deshalb noch mit seiner Sekretärin zugange
wir könnten uns nun doch Zeit lassen
meine beiden Chefs können es nicht fassen

In diesen Tagen ...

In diesen Tagen

nicht verzagen
nicht schwer tragen
sich nicht plagen
und nicht klagen

das Glück nicht jagen
sondern wagen
es zu fragen
wo es geblieben ...

... in den vergangenen Tagen

Daily News

Die Zeitung kommt morgens um sieben
wie wir es alle schätzen und lieben
doch für das Lesen ist es jetzt noch zu früh
um diese Zeit ich mich aus dem Bette müh'

beim Frühstück, nein, da will ich nicht lesen
da ist kein Platz an meinem Tresen
ich pack' die Zeitung unterm Arm
und verlasse unsere kleine Farm

in der Tram, da wird das Neueste studiert
das hab' ich zumindest ausprobiert
doch mit des Nachbars Zeitung im Gesicht
auf die Lektüre des Gedruckten ich gern verzicht'

im Büro, ja da hab' ich sicher Zeit
mein Chef stürzt rein, was ist denn heit
am Feierabend greif' ich das papierne Wesen
ist es doch bis dato noch immer ungelesen

da hör' ich meine Frau rufen von einem stillen Ort
„Bringst mir die Zeitung, aber sofort!"

Die Surf-Tour

Du, ich geh' noch nicht ins Bett
ich geh' noch kurz ins Internet
ich möchte noch was nachschauen
das dauert bis sich die Seiten aufbauen

die Uhr zeigt ja erst halb zehn
Du kannst ja derweil fernsehen
ich brauch' ja nur eine Viertelstunde
ob in focus.de gibt es neue Kunde?

Bei comdirect mal schnell nachsehen
wie meine Depotwerte gen Süden gehen
was gibt es Neues von meinen Sechzgern
dazwischen ein Banner von den Innungsmetzgern

Mist, der Torwart ist leicht verletzt
derweil war der doch im Team gesetzt
jetzt noch kurz auf die Ebay-Seiten
wenig Gebote in schlechten Zeiten

sport1.de fehlt mir zum Abschluss noch
vielleicht geht es ja bei unserem Torwart doch
jetzt noch ein kurzer Blick auf die Nasdaq
die Kurse fallen weiter − ich bin ein Wrack

oh, fünf vor zwölf zeigt nun die Uhr
war wohl doch eine längere Surf-Tour
jetzt noch schnell unser Flug nach Lissabon
Petra, Petra, ... Petra, schläfst Du etwa schon?

Ja so was

Ich weiß nicht mehr, wo ist vinten und horn
bin ich an einem Dontag oder Mienstag geboren
hat der TSV 1860 Bayern nun gestern verloren

ich bin und bring' heut' ziemlich alles durchanderein
der weutige helch auch immer Tag ist dicht ner mein
ob es am vorgigen mielleicht wesser bird

ich nestell' boch 'ne Maß und wrag' den Firt ...

Danke

Du bist immer für uns da
Zeit für Dich ist eher rar
hilfst uns zu jeder Zeit
kein Weg ist Dir zu weit

auf Dich ist immer Verlass
gibst uns nie den Laufpass
öffnest uns Tür und Tor
hast immer ein offenes Ohr

hast auch jedes Mal für uns ein „Gutti"
für all das ein großes DANKE, liebe Mutti
einen Blumenstrauß in allen Farben
wir sind froh, dass wir Dich haben

wollen Dir von ganzem Herzen sagen
dass wir Dich ganz feste lieb haben

Im Wartezimmer

Ich sitze hier im Wartezimmer
mein Unwohlsein wird immer schlimmer
das Wartezimmer ist wie immer voll besetzt
eine junge Frau derweil den Gang entlang hetzt

ich will jetzt auch nicht Klatsch-Zeitungen lesen
über dies und jenes und Uli Hoeneß' Thesen
ich will nur, dass jemand meinen Namen ruft
im Wartezimmer ist bereits schlechte Luft

geschlagene 45 Minuten warte ich bereits
sitze ich in meiner Ecke etwa im Abseits
hat man mich vielleicht sogar vergessen
bin ich nicht schon lange genug gesessen

plötzlich ruft eine laute Stimme meinen Namen
welch eine Enttäuschung für all die anderen, die kamen
ich komme in einen großen Raum voller heller Lichter
die Jury verkündet: „Du bist Deutschlands Superdichter!"

Meine sTeuerberaterin

Meine sTeuerberaterin rief mich an
ob ich heute noch kommen kann
sie habe noch ein paar wenige Fragen
das ein oder andere wolle sie mir noch sagen

ich nenne ihr brav die noch fehlenden Daten
zehn Minuten werde ich dann noch beraten
zu guter Letzt reicht sie mir ein Kuvert
ich wundere mich, es ist sehr schwer

ich frage ganz höflich nach dem Inhalt, bevor ich fahr'
lächelnd entgegnet sie: „Die Rechnung über mein Honorar"

PIN und Bruder TAN

Was bin ich froh, dass ich nicht bin
eine der vielen und unzähligen PIN
werden sie doch oft vergessen
meist an ihrer Länge gemessen

stehen auf irgendwelchen alten Zetteln
müssen daher um Beachtung betteln
lästig auch ihr Bruder TAN
zieht uns alle in den Bann

online oder telefonisch oft verlangt
der Befragte dann meistens bangt
hat dieser ausnahmsweise alle Stellen im Sinn
fragt die Stimme meist nach der SUPER-PIN

Per Speck Tiefen

Heute ist nicht alle Tage
ich stell' mich mal wieder auf die Waage
die Waage will nicht so, wie ich das will
der Zeiger schlägt aus und steht nicht still
nach einiger Zeit kommt dieser dann zur Ruh'
schon wieder zwei Kilo zugenommen, puh ...

an einem der folgenden Tage
kauf' ich mir dann eine neue Waage
eine Sprechende mit 100 Gramm-Anzeige
ich stell' mich gleich drauf, ich bin nicht feige
die Anzeige dabei fest im Blick
meint die Waage „Sie sind zu dick!"

Mein Freund der Koloss

Mein Freund der Koloss
wohnt in keinem Schloss
auch nicht in der Goss'
reitet auf seinem hohen Ross
in seinem rot-weißen Tross
ist er der Boss
kennt nur Profit, nicht Loss
fährt gerne auch Floß
schaut aus wie Hoss
darum heißt er Koloss

was ist das für ein Gedicht bloß?

Während andere fleißig joggen
tut Freund Koloss vorm Fernseher hocken
und nach Niederlagen kräftig bocken
das haut ihn nämlich von den Socken
da bleibt kein Auge bei ihm trocken
der Abstieg wird ihn gänzlich schocken

Mein Freund der Koloss
wer ist das bloß?

Max und Moritz

Max und Moritz auf dem Sechstage-Rennen
das Um-den-Kreis-fahren werden sie verpennen
denn nach ein paar Bierchen im Plastikbecher
geht's in der Oben-ohne-Bar weiter mit dem Gezecher

Lola und Montez statt Beschart und Risi
zwischendurch zur Entlastung Bisi-Bisi
zum Schluss dann noch ein kleiner Absacker
die beiden halten sich heute wirklich wacker

am Morgen danach geht's ihnen meistens schlecht
haben sie doch wieder einen Pitcher zuviel gezecht

Das 3-Gänge Menü

Jeden Morgen fahr' ich ihn hoch
wohin frag' ich mich immer noch
es folgen Username und Passwort
auf diese reagiert er dann sofort
mit Hilfe der schnurlosen Maus
such' ich mir dann ein Menü aus

als Kaltstart gibt es Excel-Salat
schmeckt excellent und hat Format
und mundet alles andere als fad
danach geht es weiter mit Esprit
Windows eNTe empfehlen sie
das Micro Softeis zum Dessert
ein Abbruch wäre jetzt nicht fair

mein Outlook ist heute ziemlich internet
nur mein String Alt spannt – ich bin zu fett
kurz noch einen Junk-Mail-Joint
„Die Rechnung bitte", deut' ich dem Power-Point
der Rechner leider nicht funktioniert
der Ober über Escape es noch mal probiert

jetzt Gates!

Der Bauch tut mir schon www
ich drück' die Home-Taste und geh'
draußen im Dunkeln ich nun Tab
und steige in meinen neuen SAP

... und die Moral von diesem Gedicht
String und 3 Gänge vertragen sich nicht

Ahoi

Heute sitze ich mal wieder hier
und warte bis es wird halb vier
es war mal wieder wenig los
auf meinem kleinen Floß

an ruhigen Tagen, nicht an den Stürmischen
tanzen die Mäuse zuweilen auf den Tischen
sind alle Kapitäne dann an Bord
geht besser keiner früher fort

die Crew ist willig und motiviert
fachlich geschickt und auch versiert
Bounty wird höchstens mal genascht
kein Backbert wird durch Meuterei geschasst

das Floß ist seetüchtig und hat auch kein Leck
die Mannschaft trägt das Herz am rechten Fleck
oft müssen wir beide Segel hissen
Steuerbert wollen wir dann nicht missen

doch heute bläst der Wind sehr schwach
so dass ich jetzt gleich die Fliege mach'
in fünf Minuten bin ich am Pier
es ist nämlich bereits halb vier

Wie geht's ...

Viele Menschen fragen Dich, wie es Dir geht
aber nur wenige interessieren sich dafür

wenn Dir ein eisiger Wind ins Gesicht weht
öffnet meist nur einer von ihnen die Tür

Anglerlatein

Heute gibt's zum Mittagstisch
einen frisch gefischten Fisch
früh am Morgen geht's schon raus
Mensch, ist das kalt – welch ein Graus

bis Mittag will noch keiner beißen
keine Angelschnur droht da zu reißen
doch wer einen echten Angler kennt
der weiß, meist gibt's ein Happy End

noch ein Versuch mit einem anderen Köder
so ein saudummer Tag aber auch, so ein blöder
sollte dann immer noch keiner schnappen
gibt's halt wieder von Nordsee Dillhappen

Heut' morgen

Heut' morgen tut mir alles weh
vom kleinen Finger bis zum großen Zeh
heut' erscheint mir alles grau
soll ich bleiben in meinem Bau?

Ich weiß nicht, was ich tun soll
mein Glas ist halb leer und nicht halb voll
da hör' ich von weitem die Vögel singen
ohne zu wissen, was ihr Tag wird bringen

wie gern wäre ich genauso fröhlich und fit
ich summe ganz leise ihre Melodie mit
die Sonne scheint plötzlich kräftig und rund
und der graue Tag wird allmählich bunt

zu füllen beginnt sich nun mein halbleeres Glas
als ich so singend auf dem Baum neben den Vögeln saß

Wetten, dass ...

Warum sehen wir alle fern
warum tun wir das alle so gern
weil wir lieber bequem auf dem Sofa sitzen
statt bei Sport und Bewegung zu schwitzen

weil wir uns gern berieseln lassen
Tun und Handeln anderen überlassen
weil wir einfach nur faul und müde sind
ferngesehen haben wir ja bereits als Kind

nicht überzeugend all die Argumente
schickt den Fernseher in die Rente
denn ohne Fernseher haben wir alle viel mehr Spaß
ich muss jetzt schließen, gleich kommt „Wetten, dass ...“

Oh Handy ...

Schon wieder dieser schrille Ton
es ist mein Handy, das Telefon
nur mal schnell aufs Display sehen
nein, diesmal werd' ich nicht rangehen

das Handy läutet weiter – ungeniert
der Angerufene sich derweil noch ziert
von links und rechts ein böser Blick
das gibt mir jetzt den letzten Kick

wenn dem, der selten einen Anruf erhält
ein selbiger erreicht, es ihm gefällt
ich komme mir ganz wichtig vor
er lässt nicht locker, dieser Tor

der ganze Bus schon auf mich schaut
ein kräftiger Mann sich vor mir aufbaut
ich bin schon völlig von der Rolle
da sagt der Mann „Fahrkartenkontrolle!"

Vogelperspektive

Die Vögel singen heut'
die Welt vieles bereut

die Vögel singen weiter
die Welt wird langsam heiter

die Vögel singen immer noch
die Welt – das sind wir alle doch

Bewegungen

Wir liegen
wir sitzen
wir krabbeln

wir stehen
wir gehen
wir laufen

wir eilen
wir hasten
wir rasen

wir bleiben sitzen ...

ERROR

Heute sollt' ich mal den Blutdruck messen
hab's in den letzten Tagen oft vergessen
das Messgerät nicht mal angelegt
bin ich schon ziemlich aufgeregt

schon vor der Messung mein Puls steigt
was jetzt das Messgerät wohl gleich zeigt
es pumpt sich unaufhörlich auf
ich schau' ganz angespannt darauf

das Handgelenk tut mir schon weh, es reicht
na endlich, jetzt allmählich die Luft entweicht
ein schriller Piepston schreckt mein Ohr
das Messgerät zeigt mir an ERROR

Dellewischen

Ich sitze hier auf meinem Sofa
im TV läuft ein Film, ein ganz ein Doofer

die Quiz-Show vorher war auch bescheiden
die kann ich sowieso nicht leiden
A, B, C oder D fragt Günther Jauch
der Kandidat steht auf dem Schlauch

im Nachbarkanal eine politische Runde
Floskeln und Nebensächliches in aller Munde
während der Sportschau dann Verbrauchertipps
da schmecken weder Bier noch funny-chips

und Bohlen sucht den Superstar
echte Talente sind da meistens rar
da sträubt sich mir mein Nackenhaar

ich freue mich schon riesig, wenn wie in alten Zeiten
in Kabel die Cartwrights durch den Bildschirm reiten
und Wickie und Faxe segeln auf hoher See
wie war das früher doch alles schee'

Erst wenn ...

Erst wenn die letzte Blume verblüht
erst wenn unser Erdball zu heiß glüht
erst wenn die Vögel nicht mehr singen
erst wenn keine Bäche mehr entspringen
erst wenn es keine grünen Wiesen mehr gibt
erst wenn niemand mehr unsere Natur liebt
erst dann werden wir Menschen vielleicht verstehen

dass wir die falsche Saat säen

Krawuzi Kapuzi

Als kleiner Junge wollte ich Daktari sehen
das konnte mein Papa nicht verstehen
lief doch im Ersten die Sportschau zur gleichen Zeit
Clarence und Judy statt Breitner und Fußball-Fight

mit Professor Habakuk und „Am dam des" fing alles an
Flipper und Lassie folgten, ich weiß nicht mehr genau wann
meine Freunde hießen damals Maja und Willi
ich kannte Schröder, aber nicht Herrn Schily

Wickie, Snorre und Faxe waren Freunde, mit die besten
konnte ich mit ihnen doch meinen Ideenreichtum testen
Wickie nahm es auf mit jedem Meeresungeheuer
spannend waren auch Urmels und Pezis Abenteuer

erst mit Skippy, dem Buschkänguruh durch den Dschungel flitzen
und dann mit Michel aus Lönneberga Holzfiguren schnitzen
wer mochte nicht Raumschiff Enterprise mit Sulu und Spock
Hopsing kochte auf der Ponderosa damals schon im Wok

Hoss, Little Joe und Festus durften auch nicht fehlen
meine erste Liebe zu Anika will ich nicht verhehlen
mit ihr, Pippi und Tom in der Villa Kunterbunt
saßen wir uns beim Fernsehen den Hintern wund

vor dem Fernseher wurde es ganz still
jedes Mal beim lieben Onkel Bill
und die kleinen Strolche konnten sich alles leisten
mit Streichen und Sprüchen, ziemlich dreisten

ich denke sehr oft zurück an die gute alte Zeit
und erinnere mich gerne an meine schöne Kindheit

Der Kulturstrick

Warum tragen Männer eigentlich Krawatten
sowohl Manager, Singles als auch Ehegatten
gesichtet wurden damit auch schon kleine Ratten

als wäre er besonders schick
alle haben einen Kulturstrick
ob klein, groß, dünn oder dick

vielleicht ist es das mangelnde Selbstvertrauen
oder erhoffen sich manche mehr Erfolg bei Frauen
indem sie auf teuere Designer-Krawatten bauen

einfarbig, gepunktet, bunt oder gestreift
mancher auch nach Tiermotiven greift
hoffend, dass er zum Top-Manager reift

die mit Kantinenflecken werden aussortiert
beim Weiberfasching sich so mancher ziert
häufig der Träger konservativ und nicht liiert

nicht nur die Knoten sprechen oft Bände
besonders wenn man hat zwei linke Hände
wenn ich doch die Gebundene wieder fände

doch eines ist allen Schlipsträgern gemein
kaum sind sie angekommen wieder daheim
machen sie nicht einen langweiligen Reim

sie reißen sich vom Leib das Ding, das steife
und denken an die gute alte Schleife

Beim Metzger

Samstagmorgen, es ist 10 Uhr
ich mach' mich auf zur Einkaufstour
noch schnell die Zahnbürste, dann der Kamm
dann starte ich mein Vormittags-Programm

zuerst zum Metzger, dann zum Bäcker
da gibt es kein Vertun und kein Gemecker
beim Metzger die erste Menschenschlange
mir wird beim Anblick schon ganz bange

ich hab' die ruhige Zeit wohl heut' verfehlt
ich lächle in meinen Bart etwas gequält
der Lärmpegel im Laden steigt enorm
die Verkäuferin ist wieder top in Form

„100 Gramm Salami dünn geschnitten", schreit ein Herr
die Verkäuferin fragt „Darf's auch sein ein bisschen mehr?"
„3 Pfund Hackfleisch" brüllt die Nachbarin mir ins Ohr
kein Tenor trägt dies mit noch mehr Inbrunst vor

während das Hackfleisch wird klein gehackt
verlässt der Salami-Herr den Laden voll bepackt
ich warte inzwischen eine Ewigkeit
wie jedes Mal in letzter Zeit

doch plötzlich, ja ich glaub' es nicht
„Was derf's denn sei"' eine Dame spricht
vor lauter Schreck sag' ich in meiner Not
„3 Semmeln, 2 Brez'n und a Holzofenbrot"

Sekundenglück

365 Tage hat das Jahr
Ruhige waren eher rar

24 Stunden hat der Tag
ob die Hektik an mir lag

60 Minuten hat die Stunde
Stressbewältigung in aller Munde

60 Sekunden hat die Minute
glaub' an Dich und an das Gute

eine Sekunde ist nur ein kleiner Augenblick
füll' jeden mit Leben und such' Dein Glück

Tset

Ich wllote nur mal seehn
ob Sie mieenn Riem acuh dnan vehetsern
wnen die Batebsuchn dedanurcheinr gheen
und nur der estre und lzette an der rigeichtn Sellte sehten

Fluggast

Zu Anfang ist sie lästig und stört
vor allem wenn man ihr Summen hört

langsam aber gewöhnt man sich daran
was Toleranz so alles bewirken kann

den Flugweg sie oft variiert
auch meinen Kopf häufig passiert

ist sie spätabends wie ein Gast
und fällt nur manchmal noch zur Last

am nächsten Tag macht sie die Biege
schon fehlt sie mir – meine Eintagsfliege

Auf da Wiesn

Auf da Wiesn drogd ma a gscheide Tracht
dass dem Münchna Kindl s' Herzl lacht

A Dirndl und a Lederhos'n mit Schariwari
und Haferlschua, ois andre is Larifari

und oins is gwiss, ghert pfeigrod verbodn
wenn d' Schickimicki kummd in Landhausmodn

Einsichten

0-3 war meine Mannschaft unterlegen
an uns Fans hat es sicher nicht gelegen
wir hatten 90 Minuten viel Geduld
der Schiri war eigentlich auch nicht schuld

ganz ehrlich, der Gegner war einfach besser
lauffreudiger, engagierter und viel kesser
vor dem Spiel war uns schon bange
angesichts des Gegners Flügelzange

ich glaub', ich hab' dazugelernt
von solchen Einsichten war ich früher weit entfernt
Samstagabend ist bekanntlich vor dem Spiel
auch wenn das erste Tor saudumm fiel

auswärts bin ich samstags wieder dabei
dann dürfen es wieder 3 Punkte für uns sei'

Heute im Stadion

Lass' uns **fahren, Horst** nach **Gerets**ried
mit Deinem **lahm**en und **rost**igen **Schroth-Kahn**,
hoffentlich tut er an**springer**.

Du **Schw...**, **Einsteiger**, sagte Horst **kurz** angebunden zu mir.
War nicht **ernst** gemeint, war nur ein **Scherz**, sagte ich zu ihm.
Freu' mich schon auf unser **Pickenick** in **freier** Natur auf der
Wiese neben den **Schaaf**en auf **Meißner Porcellon**.
Heute machen wir uns einen richtigen **Lenz**!

Zuerst haben wir **Scholle** mit **Butter**, alternativ **Piza Rro**ma
mit **Ziege**nkäse oder **Maul**taschen. Ich **mak a' ay**, sagte Horst.
Für die **Keh**le zu **trink**en gibt's **Cacau** und **Bier, hoff'** ich,
baierisches **Schneider**-Weiße, kein **Schwarz**bier. **Ja, R**adler
haben wir **addo**, ist alles im **linken Fach**. Es gibt auch **Mill**ch
von unserer **Ku' Ranyi** aus dem **Stal Teri**.

Ob ich meinen **Freund Max** seh', unsere gute **Veh**?
Max ist ja eher ein **frommer** und **stiel**er Typ im Gegensatz zu
Dir. Du bist **rauh**, hast **lange Ha', Mann**, und bist auch **lauth
wie singer**.
Shao, jetzt **sammer addo**!
Vermant und zugenäht, wir **ailton** ja, ging das kugelblitzschnell!

Seitz froh, jetzt mache ich wieder einen **Reim ann** ...

Hairliche Zeiten

Mit 20 lichtete sich mein Haar, ich wurde kahl
die Rede soll sein von meinem Haarausfall
Mittelscheitel und Kamm wurden immer breiter
die haarigen Kommentare stimmten mich auch nicht heiter

nicht alle fanden immer den richtigen Ton
inzwischen zahle ich nur noch Finderlohn
statt Dauerwelle und Strähnen ein einfacher Stufenschnitt
mein Babyflaum steht unter Denkmalschutz und ist der Hit

ich kann jetzt auch nicht mehr groß tönen
stattdessen reichen zwei Minuten Föhnen
doch nie mehr werde ich meinen Vorsatz brechen
und fortan nicht mehr über ausgefallene Dinge sprechen

Einsam veraltet ...

Einsam veraltet
wer tagsüber seine Schätze verwaltet

und nachts von diesen träumt
und dabei das wahre Leben versäumt

Einsam ist ...

Einsam ist
wer seine Freunde vergisst

zweisam ist
wer hat keinen Zwist

Dreisam ist
wenn Du im Breisgau bist

Mamabär und Babybär

Es spricht Mamabär zu Babybär
Du es fällt mir ziemlich schwer
wenn Du ziehst in die Ferne
hab' ich Dich doch bei mir gerne

doch von Bär zu Bär rate ich Dir
gehe in Bälde fort von hier
gehe Deines Weges Stück für Stück
und such' nach Deinem eigenen Glück

Bio-Diäten light

Täglich begegnen sie uns fast überall
wir verinnerlichen sie von Mahl zu Mahl
im TV, in den Zeitschriften und auf Plakaten
Ideal- und Traumfiguren mit allen Daten

wie gut sie uns Übergewichtigen doch allen täten
die Frühjahrs-, Sommer-, Herbst- und Winter-Diäten
erfolgreich und cool, wer schlank und wenig isst
und seinen Body-Mass-Index täglich misst

anerkannt, wer sich diätbewusst ernährt
und nicht die Pommes und Fast Food verzehrt
wer im Restaurant nicht den Fitness-Teller bestellt
die Ausnahme bleibt und somit schon auffällt

die Regenbogenpresse uns richtige Ernährung lehrt
im Fernsehen werden wir über Bio-Joghurts aufgeklärt
die Wirkung von Light-Produkten sei enorm
die bringen auch Zweizentner schnell in Form

doch Diäten und Schlankheitswahn in allen Ehren
nicht immer sollte man enthaltsam sein und entbehren
denn hätte der liebe Gott uns als Salatesser auserkoren
wären wir als Kaninchen oder Weidentier geboren

Neununddreißig

Früher war ich ein Frauenschwarm
heute gehöre ich zur Altherren-Farm
und nehme zweimal täglich Ratiopharm

Für einen Mann in meinem Alter
da braucht es einen Hosenhalter
denn mit einem schicken Hosenträger
werd' auch ich wieder zum richtigen Feger

Der Kobold mit dem roten Haar

Schon als Kind hab' ich ihm gelauscht
gern hätt' ich oft mit ihm getauscht
erfreut hat er von uns einen jeden
konnte man mit ihm doch reden

alles andere als radebrechend
war sein Debüt sehr vielversprechend
trotz seiner kleinen Wissenslücken
konnte er jung und alt entzücken

in kurzer Zeit war er ein ganz Bekannter
die Rede ist nicht von Paulchen Panther
grüne Hose und gelbes Hemd uns wohlbekannt
haben wir ihn nicht Klawitter oder Alf genannt

er war viel temperamentvoller und lauter
war er doch vom Stamme der Klabauter
er neckt, er versteckt
und keiner was meckt

viele Abenteuer hat er auf dem Buckel
ich spreche von Meister Eders Pumuckl
erst gestern hab' ich ihn in meiner Schublade entdeckt
seht mal nach, ob in Euerer nicht auch einer steckt ...

Sonnenschein

Erst mal sehen
miteinander gehen
wilde Ehen
seinen Mann stehen

Geburtswehen
mit dem Klenen
ein paar Runden drehen

und bei Sonnenschen
eine Blume säen
und unbeschwert
durchs Leben gehen

Heute

Heute will ich mal nichts erledigen
heute will ich nur faul auf dem Sofa liegen

heute gibt es keine to-do-Liste
heute bleibe ich länger in der Kiste

heute ist Erholung und Ausruhen angesagt
heute kein Terminplan oder Meeting mich plagt

heute mach' ich nur das, was ich will
heute bleibt auch mein Telefon still

heute werde ich Entspannung suchen
heute genieße ich Kaffee und Kuchen

heute gehe ich zum Fußball, zu den Löwen
heute füttere ich an der Isar Enten und Möwen

heute lasse ich mein Büro im Stich
heute amüsiere ich mich königlich

heute gehe ich bereits morgens zum Joggen
heute kann kein Aktienkurs mich schocken

plötzlich mein Wecker, der ziemlich laut schellt
ich hatte ihn wohl für 6 Uhr 30 gestellt ...

Schatzsuche

Wer dem schnöden Mammon nachläuft
und seine Schätze im Keller anhäuft

verweilt beim morgendlichen Sonnenaufgang
in einem dunklen Kellergang

Wunschkonzert

Des Esels Sturheit
des Hundes Bissigkeit
der Katze Buckligkeit
des Hahnes Lautstärke
das alles wünsche ich Dir nicht

dafür wünsche ich Dir
das Stehvermögen des Esels
den Frohsinn des Hundes
die Gelassenheit der Katze
und den Weitblick des Hahnes

Das Kartenspiel

Jede Woche suche ich ihn auf
hoffentlich ist auch was drauf
ich suche wie immer meine Karte
bevor ich in der Schlange warte

stehe ich dann vor diesem Kasten
betätige ich mehrmals seine Tasten
Geheimzahl und Betrag will er wissen
seinen Output will ich nicht missen

heute dauert es aber ziemlich lang
ob ich noch mal von vorne anfang'

eine Schrift erscheint, meine Karte steckt
„Ihr Konto ist leider nicht gedeckt!"
Ist der Kasten vielleicht defekt?

Keine Euroscheine in der Tat
obwohl ich ihn ganz höflich bat
„Du gemeiner Geldautomat!"

Am Schalter will ich dann den wahren Grund erfahren
„Ja, mein Herr, gestern war Termin fürs Abräumsparen"

Das kleine o

Als kleiner Mensch wir uns mit Milli nä(h)ren
als großer Mensch wollen wir gehören
am liebsten zu den Millionären

nur das kleine o steht dazwischen
auch wenn's groß ist, wird's uns entwischen

Funpionieren

Der Mensch muss heute funktionieren
das geht uns ziemlich an die Nieren
unser Verstand schon meistens unkt
der Körper daraufhin SOS funkt

die einzige Lösung ist dann
Mensch, hab' einfach mehr Fun...
und weniger ...ktionieren
erst dann gehörst Du zu uns Pionieren

Ein Fenster

Ein Fenster nicht aus Glas
und nicht zerbrechlich
nicht zu öffnen
und nicht zu schließen

ein Fenster nicht zu kippen
nicht durchsichtig
in der Arbeitswelt ungeheuer wichtig
Outlook und Palm Pilot heißen die Gespenster
sie sind die Heimat aller Zeitfenster

und die Moral von der Geschicht'
benutze Deinen Terminkalender
sonst benutzt er Dich!

Sichtweisen

Lieber Einsicht und Weitsicht
als Meersicht und Kurzsicht

Menschenskinder

Der Mensch, ein eigenartiges Wesen
vieles kann man über den homo sapiens lesen
alles andere als ein unbeschriebenes Blatt
setzt er den Nächsten gern schachmatt

strebt nach großer Karriere und viel Geld
Neid und Missgunst oft prägen seine Welt
inszeniert sich gern im Scheinwerferlicht
und verliert dabei häufig sein Gesicht

spielt Tag für Tag vermeintlich die Hauptrolle
gerät dabei mit seinem wahren Ich in die Wolle
auf dem Laufsteg der VIPs er sich präsentiert
und sich dabei gerne bühnenreif inszeniert

die eigene Persönlichkeit wird verleugnet
und nebenbei auch viel Geld vergeudet
in einer Scheinwelt er sich fortan bewegt
wenn er mit seinem Ferrari über die Straßen fegt

doch irgendwann kommt das Erwachen
dann wird keiner mehr mit ihm lachen
nur eine Statistenrolle im Vorfilm war für ihn reserviert
vergeblich war er den Laufsteg auf und ab stolziert

die VIPs werden dann von ihm weichen
wahre Freunde werden die Hand ihm reichen
er erinnert sich dann gerne zurück an eine Zeit
als es noch gab mehr Respekt und Ehrlichkeit

Zugvögel

Heute ist es schon ziemlich spät
es fehlt mir ein wenig an Kreativität
eigentlich fällt mir nichts mehr ein
doch diese Zeilen sollten was Besonderes sein

lass Dich nicht von Missgunst leiten
hör auf zu klagen und zu streiten
sei bescheiden und nicht gierig
Tun und Lassen wird sonst schwierig

denk an die singenden Vögel auf dem Baum
und lebe Deinen ureigenen Traum
sei Deines eigenen Glückes Schmied
statt lauter Fanfare singe Dein Lieblingslied

die Vögel stimmen mit ein in Deine Melodie
Dein halbleeres Glas wird so voll sein wie nie
Du überwindest Hindernisse wie ein guter Reiter
die Vögel ernennen Dich zu Ihrem Reiseleiter

... sie singen mit Dir und ziehen zufrieden weiter

Sehnsucht

Wo ist sie nur geblieben
wurde sie Beute gar von Dieben
ist sie etwa ausgeflogen
hat man sie mir vielleicht verbogen

als Kind schon lehrte sie mir das Glücklichsein
als treuer Weggefährte brachte sie viel Sonnenschein
in vielen Jahren
durfte ich sie erfahren

jahrelang mit ihr verbunden
heilte sie schon viele Wunden
bis vor zwei Jahren ist sie mir oft begegnet
ohne sie waren die Tage meist verregnet

häufig hat sie mich dann noch berührt
habe sie dennoch nicht richtig verspürt
ich hoffe, ich werde sie wieder finden
sie tagtäglich spüren und empfinden

bin auch ziemlich oft geknickt
hoffe, dass man mir sie wieder schickt
ist der Gedanke an sie vermessen
hat sie mich vielleicht vergessen

oft bin ich in Tränen ausgebrochen
jetzt ist auch dies ausgesprochen
ich sehne mich nach ihr und dieser Zeit
sie fehlt mir sehr ... meine Unbekümmertheit

Für Kleinkatze

Vom ersten Moment an hab' ich Dich gemocht
oft hat in Deiner Nähe mein Herz gepocht
Macho hast Du mich schon bald genannt
hast mich halt noch nicht so gut gekannt

ich aber war in Dich verschossen
hab' Dich in mein Herz geschlossen
weißt Du, dass ich sehr oft an Dich denk'
jeder Tag mit Dir ist ein Geschenk

will Dich heute mit meinen Zeilen
gar nicht so groß langweilen
wünsch' Dir von Herzen Gesundheit, Erfolg und Glück
von alledem ein großes Stück

sollst immer Grund zum Lachen haben
mit Zuversicht durchs Leben traben
jeden Morgen soll für Dich die Sonne aufgehen
mögen all' Deine Träume und Wünsche in Erfüllung gehen

Von Herzen

Floskeln und Phrasen – Herzrasen
Klagen und Wimmern – Herzflimmern
Gegeneinander und Poltern – Herzstolpern
Miteinander und positiv denken – Herz schenken
gemeinsame Sache machen – von Herzen lachen
Leidenschaft und Mut – bei der Sache mit Herzblut
Lebensfeuer statt nur Glut
herzensgut

In English

Okay!

One day
in May

I was in Dubai
far away

by the way
I want to say

that I lay
on a bay

oh wei
oh wei ...

Schauspielhaus

Denk an Papa und an gestern
während andere in der Tram lästern
früh am morgen um halb acht
habe ich mal nachgedacht

wieder ein verlorener Tag
wie ich ihn gar nicht mag
warum mach' ich nicht, was ich will?
Warum ist das Büro heute mein Ziel?

Warum steig' ich nicht einfach aus?
Geh' ins Cafe oder fahr' nach Haus?
Morgen kann ich es ja auch noch machen
doch heut' gibt es wieder wenig zu lachen

wir erreichen die nächste Haltestation
„Schauspielhaus" ertönt es in müdem Ton
ich verharre in der Straßenbahn
der Schauspieler beschließt, ins Büro zu fahren

denn was Du heute kannst besorgen
das verschiebe lieber doch auf morgen ...

Flipperkugel

Heute wurde mir wieder alles zuviel
ein Tag, der mir überhaupt nicht gefiel
zu viele unterschiedliche Sachen
wollte ich auf einmal machen
hatte selbst dabei wenig zu lachen

der heutige Tag fiel mir ziemlich schwer
war einmal mehr nicht mein eigener Herr
keinen Wunsch konnte ich abschlagen
beantwortete nebenbei noch allerlei Fragen
wie war das noch mal, Herr Hagen?

Alles Mögliche habe ich erledigt
nebenbei mein Nervenkostüm geschädigt
und mich weiterer Haare entledigt
kam mir vor wie die Suchmaschine von Google
häufig fremdbestimmt wie eine Flipperkugel

am Abend falle ich wie die Kugel in ein Loch
und morgen mache ich es genauso wieder doch
doch in Zukunft werde ich nicht mehr hasten
sondern in Ruhe selbst betätigen die Flippertasten
wär' doch gelacht, wenn ich verlier' gegen den Kasten

ab heute werde ich mehr an mich denken
wieder mehr mein eigenes Leben lenken
und werde mit meiner Biene Maja
wie einst Willi fliegen zur schönsten Papaya
und selbst kosten vom süßen Lebensnektar
so wie es früher einmal war ...

King Balu

Ich bin allein in meinem Nest
die Petra weilt in Budapest
ich grüble oft, bin gedankenverloren
hier und da wird eine Idee geboren

doch zustande bringen tue ich nichts
kleine Wehwehchen stören, überall sticht's
warum auch soll ich immer etwas schaffen
ich lebe heute wie King Louis und seine Affen

mach' mir wie Balu eine schöne Zeit
und probier's mal mit Gemütlichkeit

Randgeschichte

Die Menschen leben oft wie Kröten im Brunnen
sie sehen nicht über den Rand

Vogelfrei

Nichts als Nebel
alles grau in grau
die Bäume gespenstisch
keine singenden Vögel auf den Ästen
wo sind meine Freunde?

Wenige Laternen leuchten
ein Auto fährt vorüber
die Katze überquert die Strasse
keine singenden Vögel auf den Ästen
meine Freunde sind auf Reisen

ich summe ihre Melodie
der Nebel lichtet sich
ein Sonnenstrahl bahnt sich seinen Weg
ein kleiner Vogel landet auf dem Fensterbrett
wo sind Deine Freunde?

Ein Gedanke

Oft hege ich ihn
oder lasse ihn schweifen
oder trage mich mit ihm
oder spiele sogar mit ihm

oder bin mit ihm ganz woanders
oder mache mir ihn
oder bin ganz in ihm
oder bin in ihm versunken

oder habe ihn verloren

Gedanken sind frei ...

Silvesternacht

Silvesternacht
der Himmel kracht
Silvesternacht
ein Feuerwerk entfacht
Silvesternacht
welch eine Farbenpracht
Silvesternacht
bei Dinner for One gelacht
Silvesternacht
viele Gedanken gemacht
Silvesternacht
an Papa gedacht
Silvesternacht
das Neujahr erwacht
es hat viel Hoffnung und Zuversicht mitgebracht

Weißt Du noch ...

Weißt Du noch,
als wir über Fußball debattierten
und uns vor dem Holland-Spiel kostümierten

weißt Du noch,
als wir die Scheibenwischer reparierten
und uns dabei ziemlich blamierten

weißt Du noch,
als wir den Bilderrahmen montierten
und beide die Logik nicht kapierten

weißt Du noch,
als beim Schach spielen
alle Figuren auf einmal fielen

weißt Du noch,
die Geschichte mit der Fototapete
als ein rauher Wind wehte

was haben wir beide viel gelacht
und auch verrückte Sachen gemacht

manchmal weniger, manchmal mehr
Papa, weißt Du, Du fehlst mir sehr ...

Freunde

Gute Freunde helfen weiter
stimmen Dich dann heiter
wenn Du sehr traurig bist
und Dir zum Heulen ist

bist Du einmal sehr verletzlich
sind gute Freunde unersetzlich
wenn Dinge Dich ziemlich schmerzen
liegt Freunden dies sehr am Herzen

nicht viel klagen und nicht verkümmern
Du musst Dein Leben dann neu zimmern
Freunde bringen Dich wieder zum Lachen
helfen Dir neue Lebensfreude entfachen

denn kompliziert ist häufig unsere Welt
Freunde helfen, dass sie Dir doch gefällt

Wir

Wir kommen

wir wachsen
wir spielen
wir lernen
wir lachen
wir weinen

wir werden erwachsen
wir träumen
wir rebellieren
wir probieren
wir weinen

wir sind erwachsen
wir funktionieren
wir erwachen
wir hoffen
wir lachen

wir gehen ...

Orientierungslos

Schwarz oder weiß
kalt oder heiß
lachen oder weinen
dunkel oder scheinen

unten oder oben
schimpfen oder loben
Gutes vernichten
oder verrichten

Realität oder Traum
Freiheit oder Zaun
Karriere oder Clown
wenig oder viel

welcher Weg führt zum Ziel?

Tränenreich

Weine der Vergangenheit keine Träne nach
lache Tränen in der Gegenwart und
gieße mit diesen die Knospe namens Zukunft

Inhalt